旅行社服务那些事儿

秦皇岛市旅游委员会
编著

中国轻工业出版社

图书在版编目（CIP）数据

旅行社服务那些事儿/秦皇岛市旅游委员会编著.
—北京：中国轻工业出版社，2017.11
ISBN 978-7-5184-1653-0

Ⅰ.①旅… Ⅱ.①秦… Ⅲ.①旅行社—旅游服务—岗位
培训—教材 Ⅳ.①F590.65

中国版本图书馆CIP数据核字（2017）第249148号

责任编辑：史祖福　　责任终审：劳国强　　整体设计：锋尚设计
策划编辑：史祖福　　责任校对：晋　洁　　责任监印：张　可

出版发行：中国轻工业出版社（北京东长安街6号，邮编：100740）
印　　刷：北京君升印刷有限公司
经　　销：各地新华书店
版　　次：2017年11月第1版第2次印刷
开　　本：850×1168　1/32　印张：2
字　　数：45千字
书　　号：ISBN 978-7-5184-1653-0　定价：43.00元
邮购电话：010-65241695
发行电话：010-85119835　传真：85113293
网　　址：http://www.chlip.com.cn
Email：club@chlip.com.cn
如发现图书残缺请与我社邮购联系调换
171442J4C102ZBW

《秦皇岛市旅游行业服务规范培训动漫读本》编委会

主　　任：李文生

副 主 任：张力荣　李惟立

编　　委：栗书河　付　岗　郭　伟　杨立平　王文军　郭　颖

本书编写人员

主　　编：栗书河

副 主 编：王秀杰　张志辉

参编人员：王喜民　方志学　李冬梅

序

为建设质量管理城市及全域旅游示范城市，提升建设秦皇岛市旅游行业服务质量品牌，秦皇岛市旅游委员会在河北省第二届旅游发展大会的筹备期间，组织智库专家研究编制了“秦皇岛市旅游行业标准规范”系列执业质量管理文件，作为全市旅游业从业人员工作规范的指导标准及专业能力建设工作的基本依据。

为满足现代新生代旅游从业者的培训学习特点需求，切实发挥标准规范影响效力，秦皇岛市旅游委员会专门组建了“旅游行业服务规范培训动漫读本编委会”，按照饭店、旅游景区、旅行社、导游及沙滩海域系列策划设计了配套动漫插图，以互动鲜活的形式呈现，出版了本套专题图书。以培训形式改革创新，达到旅游行业培训工作效果扎实有效的目标。

本培训读本适合各类旅游企业人员培训及相关旅游专业院校学生基础学习使用，是旅游行业典型服务工作质量内训的参用资料。

秦皇岛市旅游委员会

2017 年 9 月 28 日

目 录

第一部分 旅行社地接业务服务规范

第二部分 旅行社客户服务部服务规范

第三部分
旅行社门市部服务规范

第一部分

旅行社地接业务服务规范

本规范规定了旅行社地接业务的工作标准及对应的要求，适用于旅行社地接业务工作人员的培训与考核。

适用旅行社内设部门范围

本规定确立了旅行社地接服务流程和管理规范，适用于地接业务板块的销售、计调、导游部门和财务审核部门。

规范内容一 地接服务接待准备工作标准

1. 系列团接待准备

（1）销售人员制订年度产品计划。外联人员根据上年度市场情况汇总和对下年度市场分析预测，向外地组团社客户提交年度产品方案。

（2）外地组团社客户根据公司自身的需要确定下一年度全年产品计划和市场推广方案，地接社相关部门应给予高度配合。

（3）计调部门和销售部门对上一年度供应商进行考评管理，根据年度产品计划和预算任务指标，制订相关资源（地接、机票、火车票等）年度采购计划，并下达给相关资源供应商。

（4）销售人员对供应商所提供的报价进行认真分析，通过议价，确定最终产品线路使用的供应商和采购成本。

（5）销售人员确认各项服务的成本，加上利润、税金和相关费用后，报给外地组团旅行社客户，客户发来组团计划后，销售人员将计划登录在旅行社管理系统中，下达接团计划。计调人员在旅行社管理系统里收到销售下发的新计划任务后，要及时操作，核对行程与所发的接待单位是否一致，按行程要求发给所有资源供应商，整理、归档接待资源供应商的回执，如有与计划不符的情况，要及时通知销售人员。

2. 定制团队接待准备

（1）销售人员在接到外地组团社客户询价电话或微信后，应在24小时之内给予回复。

（2）销售人员在所有报价回复前要发送给部门总经理审核。

（3）销售人员将经部门总经理审核的报价以邮件或传真等实物文件发送给客户。

（4）客户接受价格的预定，也应在24小时之内给予回复确认，并及时在旅行社管理系统里将计划下达至相关计调人员。

（5）销售人员在确认各项服务的成本后，在旅行社管理系统中下达发团计划。计调人员在旅行社管理系统里收到销售下发的新计划任务后，要及时回复确认，核对行程与所发的接待单位是否一致，按行程要求发给所有相关单位，整理、归档接待单位的回执，如有与计划不符的情况，要及时通知销售人员。

规范内容二 接待工作流程和标准

计调工作流程

（1）团队计划中的任何变更，计调人员要以实物文件如邮件、传真等形式发送给相关单位，并将确认单整理归档，如有与更改内容不符的情况，要及时通知销售人员。

（2）团队行程中需要用到的机票、火车票、汽车票等，计调人员要注意核对，如有与计划不符的情况，需及时通知销售人员。

（3）计调人员根据团队行程路线和年度合同规定预订相应旅游餐厅，并负责监控餐饮质量，如团队人数有变化，要及时与餐厅确认，并将部分客户的特殊用餐习惯以邮件或传真形式告知餐厅。

（4）计调人员根据团队计划要求，安排相应车辆，同时监控管理车辆安全，控制及核算用车成本。

（5）计调人员根据团队计划和系列团对导游的需求和导游时间安排导游排团表。

（6）计调人员根据团队计划要求签发游览门票、文艺演出及交流门票。

（7）计调人员落实导游和司机的联络与衔接。

（8）导游人员从计调处领取加盖部门公章的接待计划，按照团队要求准备接机牌，领取餐单、游览券、意见反馈表等，如有团队机票、火车票等也应于出团前签收，获得接团司机联系方式。

（9）导游人员与销售人员核对计划，听取团队接待的有关注意事项。

（10）导游人员提前致电航空公司、火车站，确认飞机、火车抵达的准确时间，同时通知车队、行李员做好相应准备。

（11）导游人员提前一个工作日致电客户入住酒店，以确认团队或散客的用房情况。

（12）导游人员佩戴导游证，带好派团单、团队计划，根据航班、火车、汽车抵达时间提前抵达机场、火车站、约定接团点，在明显处举接机牌等待客户。

（13）导游人员接到客户后，应与全陪导游核对信息，包括客户数量、具体行程等，以免发生错接。

（14）导游人员接到客户后即将手机号告知客户或领队，并保证24小时开机，以便联络。

（15）团队中的变更或游览过程中的任何突发情况，导游人员都应及时与计调人员或销售人员沟通。

（16）游览结束前，导游人员要请客户或领队填写意见反馈表，并妥善保管，回团后交回。

（17）游览结束后，导游人员按照团队计划要求提前将客户送往机场或火车站，在客户顺利离开后再返回。

（18）导游下团报账时，应仔细核对各项支出，避免漏项、错项，如有费用方面的变更，要及时通知相关人员在系统里做相应的更改。

（19）团队行程结束时，销售人员应仔细阅读客户意见反馈表，将相关问题与计调或相关单位、人员及时沟通、解决，并将结果告知部门有关领导。

（20）团队行程结束后，要及时将团款入账，如有欠款要对团款进行跟踪和催缴。

（21）计调人员将完成的团队计划进行归档整理，将档案材料整理好交给档案管理部门保管，不得自行销毁。

（22）计调人员按规定及时将相关数据资料登录旅行社管理系统。

（23）销售人员将团队游览的情况及时反馈给客户，对客户不满意的地方进行解释，并做出改正承诺。

（24）销售人员平时注意收集各地产品信息，定期或不定期地向客户推广。

规范内容三 公民旅游地接服务的其他相关要求

1. 报价模板

为统一公司形象，公司对报价系统进行统一模板，主要内容包括：旅行社名称、旅行社资质、许可证号、获得的主要荣誉、电话号码、传真号码、电子信箱、QQ号、微信号、网址、主要联系人、产品线路名称、行程内容、交通工具、参考酒店、服务内容、产品特色、具体报价、用于宣传的特制微信图文基础模板、推荐其他景区或者线路等。

2. 确认模板

主要包括旅行社名称、旅行社资质、许可证号、获得的主要荣誉、电话号码、传真号码、电子信箱、QQ号、网址、主要确认人、产品线路名称、行程内容、交通工具、住宿酒店、服务内容、产品特色、团队人数、人员名单、导游员、接站（机、车）方式、具体价格和团款数量、付款方式、银行账号以及推荐其他景区或者线路等，盖章和确认人签名。

3. 收款

协议客户按协议规定执行，非协议客户首付80%团款，余款离团前结清。

第二部分

旅行社客户服务部服务规范

本规范规定了旅行社客户服务部的工作内容及对应的要求，适用于旅行社客户服务部工作人员的培训与考核。

规范内容一 客服部工作内容

1. 进行客户回访

旅行社对参与本公司旅游结束后的游客进行回访，旨在了解游客对本次旅游的评价和感受。主要分为短信回访、电话回访、微信回访。

2. 处理客户投诉

通过任何途径获得的涉及公司旅游产品和服务质量的客户抱怨，由客服部负责处理和解决。

规范内容二 客户回访工作内容和规范

1. 短信回访

（1）通过手机发送短信

① 旅游评价：如，尊敬的游客，感谢您选择××旅行社，旅途辛苦了！请对我们的服务打分，满意5分；比较满意4分；一般3分；不满意2分；非常不满意1分。直接回复分值即可。您有什么意见和建议也可email至××@.com或致电：××。

② 生日祝福：根据旅行社客户管理系统中存储的游客生日发送生日祝福短信。如：尊敬的先生/女士，今天是您的生日，××旅行社祝您生日快乐，健康幸福，欢乐每一天！

③ 节日祝福：新年、春节、端午、中秋等重大节日，通过短信发送节日祝福。如：尊敬的客户，您好，今天是××节，××旅行社祝您节日快乐！

（2）短信回访适用于出境和国内组团客户。

（3）回访由各个营业部业务人员负责。

2. 电话回访工作流程

（1）将客户短信回复分值和客户手机号码填入《回访记录》中。

（2）根据手机号码在旅行社管理系统中查到客户的基本信息，包括客户姓名、参团的线路名称、团号，并将这些信息填入《回访记录》中。

（3）对低分值的客户要专门致电，询问客户对此次出行的意见和建议，话术大概为：×××先生/女士，您好，这里是××旅行社客户服务中心，您前几天参加我们的……线路旅行团，昨天我们对您进行了短信回访，您的打分是×分，如果您现在方便，我们想了解一下您对这次旅行的意见和建议，以待我们日后改善工作。

（4）如果客户希望进一步交流，将客户口述的意见和建议填入《回访记录》中。

（5）应尽力倾听客户的意见和建议，对客户提出的问题进行解释，并在《回访记录》中解决方案一列标明为“道歉并解释”。

（6）如果客户要求投诉，可走投诉流程，并在《回访记录》中解决方案一列标明为“投诉”。

（7）如果客户不愿意再谈可结束回访，在《回访记录》中解决方案一列写明为“自动放弃”。

（8）如果未接通或无人接听，应在当天的其他时段和次日再次致电客户，如三次致电都未接通或无人接听，在《回访记录》中解决方案一列标明为客户“自动放弃”（未接听电话）。

（9）结束与客户的通话，话术大概为：无论怎样，都非常感谢您所提的宝贵意见，我们会尽快把这些意见反映到相关部门，完善我们的服务。××旅行社的发展离不开您的支持，再次感谢，祝您生活愉快！

（10）将回访的结果及时反映到相关部门，并要求其针对客户反馈做出说明，并判断是否需要做后续处理。

（11）保存好相关记录文件。

（12）统计处理结果，并将结果填入《满意度调查表》中。

（13）每月将统计结果写入《质量报告》中。

（14）如果客户为组团社，则直接打电话给对方计调经理或者全陪导游进行了解。过程同上。

（15）电话回访由营业部业务人员负责。

3. 微信回访

流程和具体内容同短信回访。

规范内容三 客户投诉处理工作规范

1．投诉种类及处理

（1）客户投诉分为涉及赔偿的投诉和未涉及赔偿的投诉。

（2）经调查核实，客户提出的对一些服务内容不满的，但确属公司提供的服务不符合合同约定标准或行业标准，使客户合法权益遭到损害的，根据《旅行社质量管理保证金赔偿试行标准》或公司规范，给予客户相应赔偿。

（3）若客户提出的对一些服务内容的不满，经调查核实不属于服务质量问题，则不涉及赔偿。

（4）关于投诉的处理，对于涉及赔偿的投诉，由相关部门向客户赔礼道歉，并由客服部按照本办法及法律法规的规定做出处理。对于不涉及赔偿的客户投诉，由相关部门向客户做出合理解释。

2. 处理建议的提出

公司客服部负责接待、调查和处理客户投诉，并根据法律法规及公司制度的规定，提出处理建议。

3. 处理建议的执行

客户服务部提出的处理建议，经公司主管领导批准后，各部门应遵照执行。

4. 投诉上报

客户服务部负责按月统计客户投诉及投诉处理结果，并对客户投诉反映出的问题进行分类汇总，写入公司《质量报告》。

规范内容四 投诉接待

1. 收到客户投诉的部门或员工应注意倾听客户的诉说（不要辩解，也不要急于下结论），要对客户未能享受到愉快的旅行表示真诚的歉意，同时将投诉详情完整记录在《投诉登记表》中。

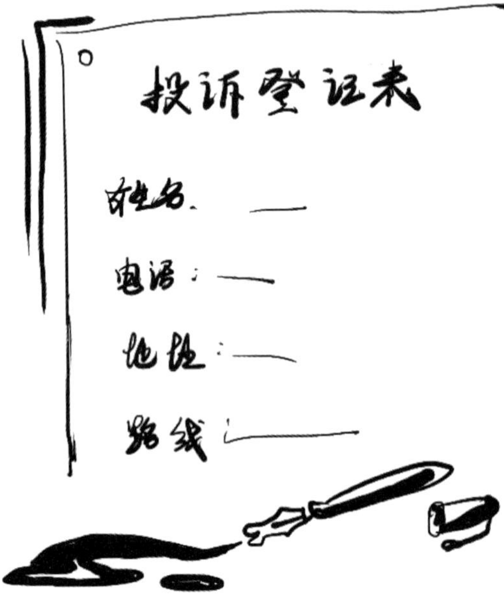

2. 填写《投诉登记表》时，应详细完整地记录投诉问题，包括以下几点。

（1）客户投诉时间、投诉方式。

（2）投诉人姓名、联系电话、传真及详细地址、参团线路、出发日期、团号、报名地点。

（3）投诉原因及问题详情。

（4）客户要求。

3. 告知投诉方式，接待人员应告知客户以下方式。

（1）投诉电话。

（2）投诉传真。

（3）投诉邮箱。

（4）经过初步解释与道歉，客户表示理解并不再追究的，由接待员工记录结果，并将《投诉登记表》交由客服部门主管保存。

（5）对于上条以外的投诉，接待员工应告知客户会立即将反映的情况转交相关部门处理，并于接到投诉后的12小时内将《投诉登记表》交客服部主管。

（6）交接《投诉登记表》应签署书面交接文件，由交接双方签字。

规范内容五 投诉调查

1. 客服部主管负责接受、调查和审理客户投诉。

2. 客服部主管在接到《投诉登记表》后，应对客户投诉原因进行分析，做出该投诉是否涉及赔偿的初步判断。

3. 客服部主管应当在接到《投诉登记表》后的 12 小时内以电话、传真或电子邮件方式与投诉客户取得联系，并向客户作如下陈述。

（1）已经收到投诉。

（2）非常重视客户反映的意见。

（3）进行初步解释，努力消除客户的误解。

（4）如客户坚持追诉，客服部主管应向客户表示将在5个工作日内做出处理并将结果反馈给客户，重大投诉经行政中心负责人批准，可以适当延长处理期限。

4. 对于客户坚持追究的投诉，客服部主管应建立《投诉处理记录》，明确投诉类别和责任部门，并收集以下资料。

（1）投诉材料、团队计划行程、团队客户名单。

（2）旅游合同、旅游意外保险单等。

5. 客服部主管应当在接到《投诉登记表》后的 24 小时内，联络责任部门核查情况，并要求对如下问题做出说明。

（1）地接情况，包括地接导游情况。

（2）相关部门情况。

（3）全陪（领队）情况说明。

（4）其他相关资料。

6. 责任部门应于 24 小时内将调查到的有关情况如实反馈给客服部主管。

7. 责任部门故意捏造事实、伪造材料或作虚假陈述，阻止客服部主管查清事实真相的，由行政中心向公司主管领导汇报。

规范内容六 投诉处理

1. 客服主管督促情况核查进度，分析投诉原因，征询客户意见，判定责任比重。

2. 客服部主管根据调查核实的情况，结合法律法规、国家政策以及公司制度的有关规定，在投诉调查结束后的 2 个工作日内提出投诉处理建议并记录在《投诉处理记录》中，处理建议报相关责任部门负责人批准。

3. 客服部与责任部门沟通，商榷处理意见，达成共识后向投诉客户通报处理结果。

4.《投诉处理记录》中列有处罚金额、赔（补）偿金额、需要调整的账目及调账期限等。客服部留存原件，复印件递交相关部门的业务处经理作为调账依据，并报财务部成本核算员备案。

5. 财务部设置“应付退款”“服务奖惩专款”账户。对客户的赔（补）偿金额计入“应付退款”，对责任方的处罚余额计入“服务奖惩专款”。

6. 业务部门应在列明的期限内调整账目，并制作支出报销凭单。

（1）凡属供应商应当承担的责任　调减团队成本中“应付地接”，调增团队成本中“其他支出”。

（2）凡属公司内部应当承担的责任　操作部门调增团队成本中“其他支出”。前台责任调减“销售提成”。

（3）凡属团款中多收客户的金额　由营业部履行调减“营业收入”审批程序后直接退款。

7. 客服部通过邮件方式通知门市部联系客户领款，款项由门市部先行垫付后到公司财务部报账。

8. 为确保投诉处理文档资料的真实完整，客户领款签订的《投诉处理和解书》必须向客服部递交复印件。

规范内容七 投诉档案管理

1. 客服部负责投诉档案的管理和查询工作。

2. 投诉处理完结后，客服主管应将投诉材料整理归档。

3. 投诉档案应包括如下材料

（1）客户投诉材料，客户通过电话投诉的除外。

（2）《投诉登记表》。

（3）《投诉处理记录》。

（4）责任部门出具的调查情况书面材料。

（5）客户签订的《投诉处理和解书》。

4. 每起投诉档案保存年限为两年，自投诉客户签署《投诉处理和解书》之日起计算。

5. 公司各部门可以借阅投诉档案，但必须遵守本办法的相关规定。

6. 借阅投诉档案的，应向客服部负责人提出书面申请。获得批准后，借阅部门向客服主管索取投诉档案，并签署书面交接文件。

我来简单说几句……

第三部分

旅行社门市部服务规范

本规范规定了旅行社门市部的工作内容及对应的要求，适用于旅行社门市部工作人员的培训及考核。

适用旅行社内设部门的范围

1. 本标准规定了旅行社服务网点（门市）的基本要求、设施设备与环境要求、服务要求、人员要求、安全管理和投诉处理。

2. 门市部

指旅行社设立的，为旅行社招徕旅游者，并以旅行社的名义与旅游者签订旅游合同的门市部、门店等机构，又称服务网点。

规范内容一 管理机构对门市部的要求

（1）由旅行社向工商行政管理部门办理服务网点设立登记，向旅游行政管理部门备案。

（2）门市部名称，包括旅行社名称和门市部所在地地名。门市部在旅行社的经营范围内，招徕旅游者、提供旅游咨询服务。

规范内容二 门市部设施设备要求

1. 设施要求

（1）外观整洁大方，标牌醒目。

（2）按旅行社总体设计要求，统一门市部外观，包括颜色、标牌和橱窗设计等。

2. 设备要求

（1）设备设施布局合理，接待区、展示区和休息等候区划分明显。

（2）各区域功能清晰，拥有足够的空间。

（3）配备电脑（1~2）台、固定电话（1~2）部、传真机、复印机、打印机等办公器材。

（4）展示区资料架上宜摆放旅游服务项目宣传品、旅游产品价目表、与旅行社有关的旅游目的地介绍和旅游交通图及由旅游行政管理部门制订发放的宣传品等。

（5）展示区可使用电子设备展示旅游目的地和旅游线路相关信息，以及文明旅游指南或其他服务信息。

（6）休息等候区可配备客户用电脑（或Ipad等）、座椅或者沙发、饮水设施和垃圾桶。

规范内容三 门市部环境要求

（1）光线明亮，物品摆放整齐。不应在办公区域内的公共部分堆放杂物及个人物品。

（2）接待台面保持整洁，摆放物品可包括电脑、电话、台历、名片等。

（3）展示区资料架应摆放整齐，易于浏览、寻找和拿取资料。

（4）将《旅行社服务网点备案登记证明》与《营业执照》一起，公示在经营场所的显要位置。

（5）在显要位置公布咨询电话和投诉电话。

规范内容四 门市部服务要求

1. 接听电话

（1）对外公示的咨询电话应保证有人接听，正常情况下及时应答。

（2）接听电话时先问候，自报旅行社名称。语气温和，使用礼貌用语。

（3）电话结束礼貌道别，等客户挂断电话后挂断电话。

（4）保留电话记录，其中的客户个人信息和消费意向等内容分类归档留存。

2. 网络咨询

（1）通过网站实时咨询，注意关注网站后台，与手机QQ连接，第一时间与客户沟通和回复。

（2）通过微信实时咨询，引导客户到微商城选购产品，下单后主动上门服务。

3. 问候接待

（1）当客户进入服务网点时，接待人员应主动问候，了解客户的出游需求。

（2）当客户有明确旅游意向或需要咨询服务时，请客户到工作接待区就座，由专人提供服务。

（3）如果工作接待区业务繁忙，请客户到休息等候区，介绍设备与资料，请客户等候。

4. 咨询洽谈

（1）耐心倾听客户要求，全面了解客户需要，包括出游意向、目的地选择、出游人数、预算、出游时间等。

（2）根据客户的需要提供本旅行社的产品，介绍几种方案，陈述各自的优点和特色，供客户选择。

（3）当客户确定产品后，向客户介绍具体线路名称、出发日期、组团方式、最少成团人数、价格、线路特色、行程安排、特别提示内容、客户须知；告知客户自身需要准备的旅游证件、相关签证资料。同时告知该产品的可报名额、报名截止日期和交纳相关费用的规定与时限，并提示遇到特殊情况需要退团或者转团等情况的处理预案。

（4）若暂时没有能够满足客户需要的旅游产品，应尝试向客户推荐与其需求相类似的旅游产品。

（5）当旅行社现有的旅游产品无法满足客户需求时，可为客户提供定制旅游产品。应了解客户及其需求的相关信息，在规定时间内向客户提供定制产品方案与报价，并与客户进行协商。

（6）服务人员耐心而准确地回答客户提出的问题。现场不能答复的问题，应向客户致歉并明确答复时间，确认后按时回复。

（7）应为首次出境客户介绍旅游证件办理程序，告知出境游客户办理签证所需签证资料。

5. 签订合同

（1）在与客户签订旅游合同前，接待人员应将“旅游合同”及相关附件包括“旅游行程单”“报名表”“出游告知书”等一并提供给客户，并应提醒客户阅读确认相关内容。对于旅游合同中客户有质疑的条款，接待人员应向客户明确解释。

（2）当客户明确选择旅游方案后，接待人员应与客户签订旅游合同。定制产品合同可协商后签订。

（3）接受其他旅行社委托代理销售包价旅游产品并与旅游者订立包价旅游合同的，应在包价旅游合同中载明委托社和代理社的基本信息。

（4）将包价旅游合同中的接待业务委托给地接社履行的，应在包价旅游合同中载明地接社的基本信息。

（5）当客户购买出境游产品时，接待人员应根据签证部门提供的签证资料要求，逐项收取客户的签证资料，并进行初步审核。接待人员应列明所收取资料的清单，并与客户签字确认。客户提供的签证资料如不符合要求，应告知按要求补、改，并在规定时限内提交。服务人员应按签证部门要求做好相关签证资料的复印工作。

（6）报名表内容应由客户和接待人员签字确认。签名应字迹清晰，如为代理报名，则应注明代办人签名。

（7）客户报名完成后，应及时录入旅行社管理系统，以确保团队正常操作。

（8）向客户提供出团须知或者安全告知等文件，提示客户注意出团事项，注意人身与财物安全。

（9）应提示旅游者购买人身意外伤害保险、航空保险、交通保险等，减少意外风险给旅游者带来的损害。

6．收取费用

（1）应提供现金和刷卡等形式的收费服务。

（2）收款金额应与客户当面确认。

（3）应按规定提供发票。

7．结束道别

（1）当客户离开门市部时，接待人员应当提示客户整理个人物品，互相留下联系方式，礼貌道别。

（2）如果客户没有决定购买旅游产品，接待人员应该提供宣传手册等资料，提供电话和电子邮箱等联系方式，表示期待进一步的联络，礼貌道别。

8. 文件处理

（1）整理电话记录和现场咨询记录。

（2）旅游合同整理、归档，定期返还旅行社总部进行核销。

9. 手续交接

（1）将客户报名表等相关资料提供给计调中心操作人员，交接时手续清楚。

（2）与计调操作人员协作，完成定制旅游产品的安排和组织。

（3）妥善保管客户在报名时提交的签证资料，及时提供给签证部门，交接时手续清楚。

10. 旅游合同变更与中止

（1）如因旅行社原因产品内容发生变更，或者团队取消，门市部服务人员应及时通知客户，并将客户反馈信息与计调操作人员确认。如客户接受产品内容变更，应得到客户书面确认；如客户对产品内容有异议，应及时转达客户诉求并协调解决。当双方意见不能达成一致时，应按法律规定为客户办理退转团手续。如客户接受转团，应得到客户书面确认，并重新签订旅游合同。

（2）如因客户自身原因退团或转团，接待人员应按旅游合同约定办理退转团手续，并及时将相关信息通知计调中心操作人员。如发生退转团费用损失，接待人员应向计调中心确认损失金额，告知客户，并得到客户认可后，为其办理退转团手续。

11. 出团通知与行前说明会

（1）向将要出行的客户发送出团通知书或出行通知书，及时通知客户领取机票、车票的时间、地点。电话确认客户是否已收到出团通知书或出行通知书，提醒客户确认出发的时间、集合地点。对需开行前说明会的团，应至少提前一天通知客户行前说明会时间及地点。

（2）协助计调通知客户参加行前说明会。配合领队、全陪核实团队情况。

12. 退款与归还证照原件

（1）在旅游行程结束后，如果需要向客户退款，接待人员应按规定办理退款手续。

（2）出境游行程结束后，及时向客户归还办理完销签手续的护照。

（3）及时归还其他证照原件。

13. 客户回访

（1）接待人员应在旅游行程结束后三日内，对客户进行电话回访，征求意见，表示慰问及感谢，并了解客户未来的出游意向。

（2）接待人员向产品部门、质量管理部门反馈客户意见、建议和诉求。

规范内容五　门市部人员要求

1. 基本要求

（1）按照劳动法与员工签订劳动合同。

（2）以适当方式明示服务网点责任人。

（3）要求各服务网点至少配备2名接待人员。

2. 仪容仪表

（1）应统一着工装，服装整洁合体，佩戴工号牌等服务标识。

（2）仪容端庄大方，不应染怪异发色，留怪异发型。

（3）妆容淡雅，保持个人卫生，不应使用气味强烈的香水。

3. 服务态度

（1）精神饱满，举止自然大方。

（2）接待客户主动热情，微笑相迎，使用服务用语，问候得体，有问必答。

（3）尊重客户，保护客户隐私。

（4）善于观察，善于倾听，工作节奏紧凑，保证服务效率。

4. 服务技能

（1）按照流程规范开展工作，在工作程序上保持一致性。

（2）熟悉产品内容，熟悉业务流程，熟悉业务操作技能。

（3）具有较强的沟通能力，善于了解客户需求，有针对性地提供消费建议。

（4）针对客户的具体情况，准确完成咨询和产品销售。

（5）熟悉档案的归纳与整理工作，熟悉售后服务的程序和内容。

规范内容六 安全管理

1. 安全制度和培训

（1）应建立完善的安全管理制度，明确分工，明确各岗位安全职责，包括现金管理制度、客户证件保管制度、安全防火制度等。

（2）应建立相应的安全事故应急预案。

（3）应建有员工安全培训制度，定期或不定期进行全员安全培训。

2. 安全设施

（1）应根据相关规定设置消防设施，配备消防器材。

（2）宜配备摄像头等安全监控设施。

（3）宜配备与公安部门联网的报警设施。

规范内容七 门市部投诉处理

（1）应制定服务网点的投诉处理制度。

（2）针对服务网点服务质量的投诉，宜现场调解，进行记录。

（3）针对旅游消费活动质量的投诉，应在对客户进行安抚后及时上报旅行社客服部门，并协助完成相关工作。

（4）应对投诉意见进行总结，对服务不断改进。